La Réforme de la musique d'église

Camille Bellaigue

La Réforme de la musique d'église

Édition : BoD • Books on Demand GmbH, In de
Tarpen 42, 22848 Norderstedt (Allemagne)
Impression : Libri Plureos GmbH, Friedensallee
273, 22763 Hamburg (Allemagne)
ISBN : 978-2-3225-4359-5
Dépôt légal : Octobre 2024

REVUE MUSICALE

LA RÉFORME DE LA MUSIQUE

D'ÉGLISE

Le 4 août dernier, quand le Conclave, par un vote qu'on n'attendait pas, donna pour successeur au Pape Léon XIII le cardinal Sarto, les musiciens ne furent pas les derniers à se réjouir. Une cause qui leur est chère deux fois, étant deux fois sacrée, avait trouvé naguère dans le patriarche de Venise un de ses plus fervens et de ses plus heureux défenseurs. On aimait à penser que le Pontife universel s'en déclarerait bientôt le juge unique et souverain. C'est aujourd'hui chose faite. En cette importante matière, le nouveau Pape a confirmé, bien plus, étendu ses promesses anciennes et rempli toutes les espérances. « *In peritiâ suâ requirentes modos musicos.* » Recherchant lui aussi dans sa sagesse les modes de la musique. Pie X a déjà mérité l'hommage que rendait l'Ecclésiaste aux chefs du peuple de Dieu.

Les instructions pontificales sur la musique ecclésiastique sont contenues dans un *Motu proprio,* qu'une lettre au cardinal-vicaire accompagne. L'un et l'autre forment la suite et comme l'épanouissement de la lettre pastorale publiée par le cardinal Sarto en 1895, et qui fit alors dans le diocèse de Venise assez de bruit et beaucoup de bien. L'esprit de ces documens peut se résumer en un seul principe, en une volonté unique et fortement exprimée : il faut que la musique à l'église redevienne d'église.

Aucune loi sans doute ne paraît plus naturelle, plus simple et plus juste ; aucune pourtant n'était depuis longtemps plus oubliée ou méconnue. « Rien, aux termes du *Motu proprio,* ne doit se rencontrer dans les temples, qui trouble ou seulement diminue la piété ni la dévotion des fidèles ; rien qui puisse leur donner un motif raisonnable de dégoût ou de scandale ; rien surtout qui puisse offenser le décorum ou la sainteté des cérémonies ; rien qui soit indigne de la maison de la prière et de la majesté de Dieu. » Or il semble bien que la musique d'église ait pris à tâche, si ce n'est à plaisir, d'enfreindre de telles défenses et de justifier d'aussi graves reproches. Son état actuel n'est fait en quelque sorte que de ces divers élémens d'indignité.

Quant aux raisons de cette déformation et de cette déchéance, le Souverain-Pontife les a très finement et même très musicalement discernées. L'une consiste dans l'évolution et dans la nature de la musique, « flottante et variable par elle-même, » semblable à l'air dont elle est faite, et dont le poète aurait pu dire aussi :

<poem>*Muta nome perché muta lato.* </poem

Une autre cause de la corruption de l'art ecclésiastique est le plaisir que la musique seule et directement nous procure « et qu'il n'est pas toujours facile de contenir en de justes limites. » Pour l'Eglise et pour lui-même, saint Augustin naguère s'était défié de ce plaisir. Souvenez-vous de certain passage des *Confessions* : « La douce mélodie semble demander quelque place dans mon cœur ; elle en réclame même une avantageuse, et j'ai de la peine à voir juste laquelle je dois lui donner. »

Ce n'est pas seulement la mélodie (et laquelle !), c'est l'harmonie (laquelle également !), c'est l'orchestre, en un mot c'est l'appareil ou l'attirail complet de la musique profane qui depuis longtemps a pris trop déplace. On sait où sont descendus les offices religieux, et qu'à l'église, l'expression musicale de la vie tout entière, et de la mort même, en est trop souvent la contradiction, pour ne pas dire la dérision et la parodie. Nous n'exagérons pas, et le Pape, en ses instructions, dénonce et veut corriger non seulement « l'abus », mais « le scandale. » *More theatrico*, ces deux mots de saint Thomas d'Aquin, qu'on ne saurait trop rappeler, résument exactement l'art et le style ecclésiastique. Tout ou presque tout se passe à l'église comme à l'Opéra. Le mariage ou les funérailles sont accompagnées sur les planches de la scène et sur les dalles du sanctuaire par des chants analogues, si ce n'est par les mêmes chants. Il n'y a pas jusqu'à la prière, que la musique ne fasse mondaine et théâtrale, et, les jours de fête, on entend communément sur les airs du répertoire les paroles de la liturgie.

Une telle musique va plus loin encore. Autant elle défigure ou travestit nos relations avec Dieu, autant, par rapport à nous, elle dénature et rabaisse Dieu même. Comme s'il ne lui suffisait pas de transformer la vie chrétienne en un drame de la terre, elle fait de Jésus-Christ un héros terrestre et dramatique. De sa naissance et de sa mort, les messes de minuit, les *Stabat* et les *Sept paroles*, ne nous disent, ne nous chantent plus rien que d'humain.

Il n'est pas un croyant, pas un artiste, qui ne puisse témoigner des licences que l'art mondain prend avec la liturgie. Les exemples seraient innombrables. On connaît le programme ordinaire des « grands mariages » et des « services de première classe, » le style des messes de Noël ou de Pâques et des saints qualifiés de solennels. L'*Agnus*

Dei se chante également sur un air d'amour de *la Damnation de Faust* et sur l'intermède de *Cavalleria rusticana*. Ce n'est même plus la marche du *Songe d'une nuit d'été* qui fait escorte à la jeune épousée : c'est la « méditation » de *Thaïs*. Une absoute n'est que le dernier des concerts ou des opéras auquel assiste le défunt. On a vu des pèlerins entrer dans la basilique de Montmartre aux sons de l'ouverture d'*Obéron*, exécutée par une fanfare, et je sais une église normande où, le dimanche, à la « messe des baigneurs, » les Tziganes ont joué.

« Ma maison est une maison de prière ; » et la musique ne permet plus qu'on y prie. Toute d'apparence et d'extérieur, quand ce n'est pas de feinte et de mensonge, elle contredit, loin de les exprimer, les plus profondes, les plus surnaturelles vérités. Elle néglige, elle détruit l'essence ou l'âme de la pensée et du sentiment, de la croyance et de l'amour. Elle ne fausse pas seulement l'idéal religieux : elle le supprime. Elle est mortelle à l'esprit, que le son, comme la lettre, peut tuer.

C'est une confusion, dirait la Bible. Et ce n'est que la première. Une autre, non moins déplorable, s'y est ajoutée. La trop fameuse devise : « L'art pour l'art, » funeste même dans le monde, à l'église est impie. elle y a régné pourtant ; elle y a consommé son œuvre pernicieuse. Elle a rompu, renversé le rapport logique et nécessaire des choses, en sacrifiant la liturgie ou le culte à la musique, c'est-à-dire le principal à l'accessoire et la fin au moyen. Il n'y a pas de pire désordre et qui se paie plus chèrement. Aussi, qu'est-il arrivé ? La musique à l'église s'est regardée ou mieux écoutée elle-même ; elle s'est complu en soi et n'a plus aimé que sa propre excellence. Alors elle a perdu le sceau de la ressemblance divine et n'est pas demeurée dans la vérité.

Il faut qu'elle y revienne ou qu'elle y rentre. Et les instructions pontificales désignent ou rappellent avec précision les voies ouvertes à son retour.

Le *Motu proprio* partage la musique d'église en trois genres : chant grégorien, chant palestrinien et musique moderne. Mais le partage est fort inégal, et les prescriptions autant que les restrictions édictées par le Saint-Père établissent fortement le privilège des deux premières formes, surtout du chant grégorien.

« Le chant grégorien est le chant propre de l'église romaine, le seul qu'elle ait hérité de ses anciens Pères, qu'elle ait conservé jalousement à travers les siècles dans ses codes liturgiques et qu'elle propose directement comme sien à ses fidèles ; le seul qui soit prescrit exclusivement en certaines parties de la liturgie et que des études récentes aient rétabli dans son entière pureté.

« C'est pour de tels motifs que le chant grégorien fut considéré de tout temps comme le modèle suprême de la musique sacrée et qu'on peut avec pleine assurance établir cette loi générale : une composition d'église est d'autant plus sainte et liturgique, que, par l'allure, l'inspiration et le goût, elle approche plus de la mélodie grégorienne ; au contraire, elle est d'autant moins digne du temple qu'elle s'éloigne davantage de ce type souverain. Le chant grégorien traditionnel devra donc être rétabli largement dans les cérémonies du culte, chacun tenant pour certain que les offices ecclésiastiques ne sauraient rien perdre de leur solennité à n'être pas accompagnés d'une autre musique que celle-là. »

Passant ensuite à la polyphonie du xvi» siècle et spécialement à celle de l'école romaine dont Palestrina fut peut-être le plus grand maître, mais non pas le dernier, le *Motu proprio* s'exprime ainsi : « La polyphonie classique se rapporte parfaitement bien à cette forme par excellence de la musique d'église qu'est le chant grégorien. Par cette raison, elle a mérité d'être associée au chant grégorien dans les cérémonies les plus solennelles de l'église, comme celles de la chapelle pontificale. Il faut donc la restituer elle aussi, largement, dans les offices ecclésiastiques. »

De ces deux genres de musique, si le premier possède « *in grado sommo* » (au suprême degré) le caractère vraiment religieux, l'autre en est doué encore à un degré excellent, « *in ottimo grado.* » Ainsi la hiérarchie n'est pas douteuse ; mais elle n'a rien non plus de rigoureux, et l'expresse volonté du pontife n'est pas d'opposer les deux types, mais de les distinguer légèrement et de les réunir.

Aussi bien, ils diffèrent sans doute par la forme ou par la surface ; mais, au fond, par le sentiment ou l'*ethos*, ils se ressemblent et ne sont pas très loin de se valoir.

Le chant grégorien, il est vrai, ne manque pas de mérites éminens par où sa faveur peut se justifier. Il a pour lui d'abord le droit d'aînesse et la consécration des siècles. Que les mélodies grégoriennes soient ou non, comme en architecture les basiliques (et la question se discute encore), des monumens de l'art antique appropriés au culte nouveau, elles constituent la plus ancienne musique dont les œuvres soient parvenues jusqu'à nous. Le chant grégorien, plus que tout autre, est contemporain et pour ainsi dire témoin des faits, des idées et des sentimens qu'il chante. Plus proche par les années de l'origine du christianisme, il en est aussi plus voisin par les lieux mêmes de sa naissance, et dans la monodie gréco-latine il n'est pas impossible que des souffles de l'Orient aient passé. Enfin, cette forme de la musique religieuse est de toutes la plus populaire. Elle l'est deux fois, car le plain-chant, fait pour le peuple, vient peut-être dans une certaine mesure de lui. La moderne musique d'église, au contraire, vient trop souvent du monde, et cela suffit pour qu'on la sacrifie à l'autre, car le peuple, et non le monde, est près de Dieu.

Le plain-chant a d'autres vertus encore, dont l'une, et non la moindre, est ce qu'on pourrait nommer la verbalité. Le *Motu proprio* constate ou rappelle à plusieurs reprises l'éminente dignité de la parole, ses droits au respect et à l'obéissance de la musique. « L'office principal de la musique sacrée est de revêtir d'une mélodie appropriée le texte liturgique proposé à l'intelligence des fidèles ; sa propre fin est d'ajouter à ce texte une plus grande efficacité. » Plus loin : « Le texte liturgique doit être chanté tel qu'il existe dans les livres, sans altération ni transposition de mots, sans répétition indue, sans briser les syllabes et toujours d'une manière intelligible pour les fidèles qui écoutent. » Ces devoirs impérieux, le plain-chant seul est capable de les parfaitement accomplir. La parole est reine et maîtresse de l'art grégorien, où la phrase mélodique, docile non seulement au sens, mais à l'accent des mots, ne fait que suivre et comme épouser la phrase littéraire. « Au commencement était le Verbe. » Cela est vrai même de l'ordre sonore, et dans la primitive musique, dans la musique du commencement, le Verbe était Dieu.

Serviteur de la parole, le chant grégorien ne l'est pas moins de l'esprit. Il est la forme spirituelle par excellence de la musique. Si pure et si dégagée de matière que soit la polyphonie palestrinienne, elle accorde pourtant un peu plus que la monodie grégorienne à la forme et, si l'on peut dire, au métier. L'harmonie et le contrepoint constituent un certain travail, un certain appareil, assurément tout idéal encore, dont le chant grégorien est exempt. La monodie liturgique est un art admirable par ses effets ; dans ses moyens, c'est à peine si l'art est sensible.

Art deux fois religieux, le plain-chant relie les hommes avec Dieu et les hommes ensemble. La polyphonie palestrinienne elle-même serre moins étroitement ce second lien. Quatre voix, fût-ce les plus harmonieuses, ne sauraient signifier l'union, l'unité parfaite, comme font cent ou mille voix qui n'en sont qu'une. Le Souverain-Pontife souhaite « que la règle de la croyance, de la prière, et autant que possible du chant, soit unique. » Il est dans la nature ou dans la vocation particulière du chant grégorien de remplir le dernier de ces vœux.

Qu'il domine donc. Mais que le chant *alla Palestrina* concoure avec lui. Tant de beautés et de vertus leur sont communes ! Plus jeune que son rival, ou plutôt que son maître, l'art polyphonique a cependant pour lui déjà quelques siècles de gloire et d'une gloire où toutes les gloires sont mêlées : celle des grands hommes qui l'ont fondé ou rétabli et celle des chefs-d'œuvre qu'il a produits ; celle de l'Église qui l'a protégé, dans quelle ville et dans quels sanctuaires ! celle enfin de tant de génies qui ne dédaignèrent pas ses leçons : depuis l'enfant sublime, dont l'un des premiers miracles fut de retenir et d'emporter en son cœur le secret encore inviolé des harmonies sixtines, jusqu'au vieillard, sublime aussi, qui, dans son dernier chef-d'œuvre, a fait planer sur le cristal rougi du sang divin les divines consonances de Palestrina.

Si la polyphonie vocale nous unit moins étroitement que le plain-chant, elle sait pourtant nous rassembler encore ; elle est encore un signe assez sensible, un symbole assez touchant de sympathie et d'unanimité. Soprano, contralto, ténor et basse, toute la voix humaine est comprise en ces quatre voix. Et parce que jamais ou presque jamais elles ne se séparent, parce que l'interprétation personnelle, égoïste, qu'est le solo, leur est interdite, leur concert fraternel est encore une admirable expression, par la musique, non seulement de la foi, mais de la charité.

Nous disons : par la musique, et surtout par elle, car le chant *alla Palestrina,* — sa nature polyphonique en est cause, — ne saurait être un serviteur de la parole aussi fidèle, aussi dévoué que le chant grégorien. Il laisse moins entendre le texte. Il lui donne moins de valeur et de relief. Sans le contredire jamais, il l'enveloppe toujours et quelquefois il le voile. Mais, si la polyphonie est inférieure au plain-chant pour ce que nous avons nommé plus haut la verbalité, pour la vocalité pure elle l'égale. Elle aussi ne sait et ne veut que chanter. Elle ne se sert que des voix, et de voix cachées, mystérieuses ; elle redoute et défend que le moindre spectacle détourne l'attention des fidèles et trouble leur piété.

L'invisible, voilà tout l'objet de l'art palestrinien. Insensible aux dehors, cet art, qui ne fait aucune place au monde, n'accorde presque rien non plus à l'univers et à la nature. Il n'exprime ni l'apparence ni la figure, mais l'idée et le sentiment. Aussi éloigné que possible de l'action et même du mouvement, art de prière et de méditation, il se recueille plutôt qu'il ne se déploie, il est admirable moins par l'étendue que par la profondeur. « Tôt ou tard, a dit un philosophe, on ne jouit que des âmes. « Cela pourrait être la devise du chant *alla Palestrina* comme du chant grégorien, et parce que ces deux genres ou ces deux modes de la musique en sont les plus spirituels, les plus intérieurs, ils en sont aussi les plus religieux.

Ils le sont tout entiers : par toutes leurs qualités, on dirait presque par toutes leurs vertus. Ils mettent l'un et l'autre en pratique l'humble parole de Kundry pénitente : « *Dienen*, servir, » où se résume leur fonction et leur devoir. Ils servent, non pas leur intérêt et leur gloire propre, mais ces fins supérieures qui sont « l'honneur de Dieu et l'édification des fidèles[1]. » En tout ils ne veulent que servir. Pas plus que sur le texte des offices, ils n'entreprennent sur leur durée ; ils ne font pas attendre le prêtre devant l'autel. *Sancta sancte.* Par eux les choses saintes s'accomplissent saintement. Par eux, par eux seuls, la liturgie commande et la musique obéit. Ils observent, ils sauvent les rapports nécessaires et les suprêmes convenances qui sont la règle et presque la définition de l'art, surtout de l'art sacré.

D'après les instructions pontificales, la musique vraiment d'église doit avoir pour mérites principaux la bonté ou la sainteté des formes et leur universalité. C'est un peu, — qui l'aurait pu croire ? — la doctrine de Taine : « la bienfaisance et la généralité du caractère » servant de mesure à la beauté. Ainsi, par une rencontre inattendue, mais que l'unité des lois fondamentales justifie, un des maîtres de l'esprit philosophique est ici d'accord avec le maître de l'esprit chrétien. La monodie grégorienne et la polyphonie classique satisfont à leurs communes exigences. Mélodie, harmonie, rythme, elles sont à elles deux la musique entière, le timbre excepté, — j'entends le timbre instrumental, — et le timbre n'est que la couleur et le dehors plutôt que l'âme même des sons. Chacune de ces formes enfin, l'une étant mélodie, l'autre consistant en accords, représente un des deux élémens ou des deux pôles de l'art. Par cette double constitution, la musique d'église répond au génie divers et successif des peuples et des âges ; nul ne demeure en dehors d'elle ; elle réalise dans sa plénitude, autant que dans sa pureté, tout l'idéal religieux.

« C'est plus qu'une réforme, « s'écrieront quelques vendeurs chassés du temple : « c'est une révolution ! « Mais un de nos maîtres, parlant aussi d'*Affaires de Rome*, écrivait naguère ici : « Le mot de révolution, toujours sinistre pour nous, reprend sa valeur étymologique aussitôt qu'on l'applique à l'Eglise. Il signifie alors retour sur soi-même. » En musique, ainsi qu'en toute chose, ce retour n'est point aveugle ; il s'accomplit sans colère et sans injustice, dans un esprit de tolérance et de liberté.

Le *Motu proprio* rappelle que « l'Église a toujours reconnu et favorisé le progrès de l'art, en admettant au service du culte tout ce que le génie a su trouver de bon et de beau dans le cours des siècles, sous la réserve des lois de la liturgie.

« En conséquence, la musique plus moderne est admise à l'église, offrant, elle aussi, des compositions que leur bonté, leur sérieux et leur gravité ne fait pas indignes des cérémonies sacrées.

« Néanmoins, la musique moderne étant vouée surtout au service profane, il faudra veiller avec le plus grand soin à ce que les compositions musicales du style moderne admises à l'église ne contiennent rien de profane, n'offrent aucune réminiscence de motifs employés au théâtre, et, jusque dans leurs formes extérieures, ne se règlent aucunement sur l'allure des morceaux profanes.

« Parmi les genres divers de la musique moderne, celui qui nous a paru le moins propre à accompagner les cérémonies du culte, c'est le style théâtral qui, pendant le dernier siècle, eut le plus de vogue, particulièrement en Italie. Ce style est par nature en opposition absolue avec le chant grégorien et la polyphonie classique, par conséquent avec la loi la plus importante de toute bonne musique sacrée. En outre, la structure intime, le rythme, et ce qu'on appelle le *convenzionalisme*, d'un pareil style ne se plient que fort mal aux exigences de la musique vraiment liturgique. »

On doit remercier ici deux fois le Pontife réformateur : pour ce qu'il permet et plus encore pour ce qu'il proscrit. De telles décisions fixent la musique d'église et ne la figent point. Elles en préviennent les erreurs et les écarts, sans en gêner le mouvement et la vie. Elles lui procurent la condition ou l'état le plus favorable : la liberté sous la loi.

C'est assez de cette loi — fidèlement observée — pour corriger tous les abus et rétablir en tout la vérité. Dans le temple redevenu le temple, rien du théâtre ou seulement du concert ne subsistera désormais. « La langue propre de l'Église romaine étant le latin, il est interdit de rien chanter en langue vulgaire. » Nous y perdrons le *Noël* d'Adam, le *Crucifix* et les *Rameaux*. Les textes liturgiques propres à chaque office, et ceux-là seulement, devant être mis en musique, sans que rien, dans leur teneur et dans leur ordre, soit changé, cela ne manquera pas de purifier, de simplifier et d'abréger fort heureusement le « programme » des grand'messes et des « saints. » Ou plutôt les offices ne comporteront plus de « programme ; » ils ne seront que les offices qu'ils doivent être, sans que rien de surérogatoire ou d'étranger les surcharge ou les altère. Plus de ces *Kyrie*, de ces *Gloria*, de ces *Credo* partagés en plusieurs numéros ; plus de psaumes en concert ; plus de ces *Tantum ergo* où — selon les expressions mêmes du Saint-Père — « la première strophe se compose d'une romance, d'une cavatine, d'un adagio, et le *Genitori* d'un allegro. »

Dans la musique liturgique, image ou symbole d'union et d'unanimité, il est de toute nécessité que le style choral prédomine. Le solo vocal, — et ceci est considérable, — n'y pourra donc figurer que par exception, et seulement comme une indication, comme une amorce ou comme une pointe mélodique[2], toujours étroitement liée au reste de la composition en forme de chœur.

Enfin le *Motu proprio* réduit avec raison la place et le rôle usurpé par les instrumens. L'orgue même est invité à la discrétion ; les préludes et les intermèdes sans fui lui sont interdits, et pareillement l'emploi d'un style trop souvent étranger soit à sa propre nature, soit à l'esprit de cette musique vocale qu'il est fait pour accompagner, mais pour accompagner seulement. Quant aux autres instrumens, l'usage en est restreint à des cas particuliers, sous la réserve de permissions expresses, et nous pouvons espérer que le violon et le violoncelle, la flûte, le hautbois et la harpe même nous prodigueront moins, aux jours d'hymen, de deuil ou de prière, leurs amoureuses, douloureuses et pseudo-mystiques effusions.

Voilà les conditions faites à la musique moderne, afin qu'elle soit d'église. Encore une fois, elles la règlent et la contiennent ; mais elles sont loin de l'étouffer. Elles consistent dans une conformité qui n'a rien de servile, à l'idéal du plain-chant et du chant palestrinien. Or, de ce double idéal, la musique liturgique peut vivre avec honneur, avec profit même, aujourd'hui, demain et toujours. Elle peut créer des chefs-d'œuvre avec et pour une voix seule, avec et pour de nombreuses voix. N'est-ce pas une délicieuse oraison que les *Laudes à la Vierge*, écrites par Verdi sur des vers de Dante pour quatre voix sans accompagnement ? Notre pays possède une très noble école d'art, *la Schola Cantorum*, dont les maîtres et les élèves mêmes savent trouver dans la mélodie grégorienne et dans la polyphonie classique dépures et vraiment religieuses inspirations. Certain *Regina Cœli*, dont l'auteur est une jeune fille, Mlle Blanche Lucas, en fournirait une preuve charmante.

On ne saurait assez conseiller à la moderne musique d'église de s'engager en ce double chemin. Il peut la conduire à des sources inconnues, ou plutôt oubliées, et si riches, que l'autre musique même, la musique profane, en recevra comme la surabondance et le rejaillissement. Elle a déjà connu ces participations heureuses. On rappelait tout à l'heure que le Wagner de *Parsifal* s'était souvenu de

Palestrina. Mais dès les premières notes de ce même *Parsifal*, dans l'étrange, vaste et lente mélopée où la mesure se fond en quelque sorte dans le rythme, il serait aisé de reconnaître aussi quelque vague influence de l'esprit ou du génie grégorien.

Que cet esprit et l'esprit palestrinien, qui n'est pas moins bienfaisant, se répondent et se concilient. Nous avons besoin de leur secours. Qu'ils nous rendent les biens que nous avons perdus : la mélodie d'une voix seule et l'harmonie de plusieurs voix, la richesse des rythmes, la diversité des modes, tous les élémens, toutes les beautés que la musique vraiment d'église possède en propre et qui, passant dans l'autre musique, sauront le mieux la renouveler et l'enrichir. Alors une réforme, qui ne devait être que liturgique, étendra plus loin ses bienfaits, et l'art chrétien, une fois encore, aura servi la cause et la gloire de l'art universel.

Il ne triomphera pas sans peine, ayant à vaincre le mauvais goût aidé par le mauvais vouloir, mais il triomphera. Les instructions pontificales prévoient des objections et des résistances. Elles répondent aux unes et n'admettent pas les autres.

Ni dans l'ordre des sentimens, ni dans celui des faits, on ne saurait chercher de raisons ou d'excuses ; la passion, pas plus qu'une « ignorance honteuse, » ne se peut désormais alléguer. Introduite en France par M. Charles Bordes, qui n'en sera jamais trop remercié, la polyphonie palestrinienne a conquis le respect et même l'admiration générale. Ses chefs-d'œuvre, publiés de nouveau, ne sont pas seulement à la disposition, mais au goût de tout le monde. Quant au chant grégorien, il était, en d'autres temps, « devenu méconnaissable, ses livres ayant été corrigés, altérés, tronqués. Mais les études longues et attentives qu'y ont apportées des hommes remarquables, qui ont bien mérité de l'art sacré, ont changé la face des choses. »

Ces « hommes remarquables, » vous les avez reconnus avant que nous les ayons nommés. Artistes, savans, — et nous taisons le reste de leur mérite, — ils comptent parmi les meilleurs, les plus grands que les maîtres de l'heure, de l'heure trouble où nous sommes, aient dépouillés et proscrits. Voici qu'un pouvoir supérieur à celui qui ne peut frapper que le corps, rappelle leur esprit de l'exil. Hors de France, pour la France et pour toute la chrétienté, l'œuvre de Solesmes se consomme ; les livres, les manuels sont tout près d'être achevés, et dès qu'ils le seront, la musique d'église restaurée empruntera sa règle principale et sa beauté la plus pure à l'idéal bénédictin.

Intérêts, préjugés, routine, tout finira par céder aux vertus fraternelles du plain-chant et du chant *alla Palestrina.* « D'abord la nouveauté produira de l'étonnement chez plusieurs ; on trouvera peut-être mal préparés quelques-uns des maîtres de chapelle et des directeurs de chœur ; mais peu à peu la chose prendra d'elle-même, et dans la parfaite correspondance de la musique aux règles liturgiques, tous découvriront une beauté et une bonté qui leur avaient échappé tout d'abord. » Le plain-chant apparaîtra « doux, suave, très facile à apprendre. » Et quant à la polyphonie classique, pour nous répondre de son destin, il suffirait au Souverain Pontife d'invoquer l'expérience et les souvenirs personnels qu'il daignait nous rappeler un jour. La première fois que dans son diocèse transformé par ses soins, sous la direction de Don Lorenzo Perosi, les fidèles de Saint-Marc entendirent de nouveau les accords trop longtemps oubliés de Palestrina, la messe à peine achevée, ils se pressèrent autour du cardinal Sarto et de son maître de chapelle, en murmurant avec émotion : « *Siamo incantati.* » Mais le dimanche suivant, l'œuvre, encore mieux connue et peut-être aussi mieux exécutée, les jeta dans de plus vifs transports. « *Siamo innamorati,* « s'écrièrent-ils : le charme s'était changé en amour.

Cet amour, le Saint-Père fait plus que l'escompter : il le réclame comme le complément nécessaire et la perfection de l'obéissance. « Quand l'amour, dit-Il, entre dans l'accomplissement du devoir, tout se fait avec plus d'entrain et avec un fruit plus durable. » Aussi bien il s'agit ici d'un immédiat et rigoureux devoir. Hormis un délai de tolérance, accordé par une décision plus récente à la nécessité d'achever la publication des éditions grégoriennes, les instructions pontificales ne permettent pas d'attendre. Elles ne permettent pas non plus de discuter : elles ne donnent pas des avis, mais des ordres, et suivant une formule qui les résume, elles constituent « le code juridique de la musique sacrée. »

Autant que l'objet et l'esprit d'un si grand changement, elles en indiquent les moyens et jusqu'à la sanction. Désormais, dans l'enseignement des séminaires et des instituts ecclésiastiques, une part importante sera faite à la musique religieuse ; les jeunes clercs devront être partout formés, non seulement à la connaissance théorique, mais à la pratique et à l'exécution du chant grégorien et de la polyphonie palestrinienne. Auprès du plus grand nombre d'églises possible, des *Scholæ cantorum* seront fondées ou rétablies, afin d'assurer le recrutement et l'éducation des chanteurs, ainsi que la tradition des chefs-d'œuvre anciens, afin de favoriser aussi la composition d'œuvres nouvelles conformes à l'idéal d'un art vraiment religieux. Enfin, — et cette prescription, qui n'est pas la moins importante, ne sera pas non plus la moins efficace, — pour garantir la pureté musicale de la liturgie, les évêques sont tenus, s'ils ne l'ont déjà fait, « d'établir dans leurs diocèses des commissions spéciales composées de personnes vraiment compétentes en matière de musique sacrée : ces commissions auront charge, dans les formes qui paraîtront les plus convenables, de veiller sur la musique qui sera exécutée dans les églises. »

Il semble bien, comme nous le disions plus haut, que les artistes chrétiens aient le droit d'être heureux et le devoir d'être reconnaissans. Ils attendaient beaucoup du nouveau Pontife : il leur a donné davantage. C'est à eux maintenant, à eux tous, d'user de ses dons et de montrer qu'ils ne les ont pas reçus en vain. Une grande réforme est ordonnée et définie : il n'y a plus qu'à l'accomplir.

CAMILLE BELLAIGUE.

1. ↑ Lettre pastorale du cardinal Sarto.
2. ↑ « *Accenno o spunto melodico* «